团 体 标 准

# 公路悬索桥、斜拉桥钢结构
# 制造与安装工程质量检验评定标准

Inspection and Evaluation Quantity Standard for Steel Structure Production
and Installation of Highway Suspension Bridge and Cable-Stayed Bridge

T/CHTS 10024—2020

主编单位:安徽省交通建设工程质量监督局
发布单位:中国公路学会
实施日期:2020 年 7 月 31 日

人民交通出版社股份有限公司
北　京

图书在版编目(CIP)数据

公路悬索桥、斜拉桥钢结构制造与安装工程质量检验评定标准：T/CHTS 10024—2020 / 安徽省交通建设工程质量监督局主编. — 北京：人民交通出版社股份有限公司，2020.7
 ISBN 978-7-114-16499-6

Ⅰ.①公… Ⅱ.①安… Ⅲ.①公路桥—悬索桥—钢结构—桥梁工程—工程质量—质量检验—标准—中国 Ⅳ.①U448.14-65

中国版本图书馆 CIP 数据核字(2020)第 066113 号

标准类型：团体标准

Gonglu Xuansuoqiao Xielaqiao Gangjiegou Zhizao yu Anzhuang Gongcheng Zhiliang Jianyan Pingding Biaozhun

| 标准名称：公路悬索桥、斜拉桥钢结构制造与安装工程质量检验评定标准 |
| 标准编号：T/CHTS 10024—2020 |
| 主编单位：安徽省交通建设工程质量监督局 |
| 责任编辑：郭红蕊　韩亚楠 |
| 责任校对：孙国靖　魏佳宁 |
| 责任印制：刘高彤 |
| 出版发行：人民交通出版社股份有限公司 |
| 地　　址：(100011)北京市朝阳区安定门外外馆斜街 3 号 |
| 网　　址：http://www.ccpress.com.cn |
| 销售电话：(010)59757973 |
| 总 经 销：人民交通出版社股份有限公司发行部 |
| 经　　销：各地新华书店 |
| 印　　刷：北京市密东印刷有限公司 |
| 开　　本：880×1230　1/16 |
| 印　　张：2.5 |
| 字　　数：58 千 |
| 版　　次：2020 年 7 月　第 1 版 |
| 印　　次：2020 年 7 月　第 1 次印刷 |
| 书　　号：ISBN 978-7-114-16499-6 |
| 定　　价：200.00 元 |

(有印刷、装订质量问题的图书由本公司负责调换)

# 中国公路学会文件

公学字〔2020〕32号

## 中国公路学会关于发布《公路悬索桥、斜拉桥钢结构制造与安装工程质量检验评定标准》的公告

现发布中国公路学会标准《公路悬索桥、斜拉桥钢结构制造与安装工程质量检验评定技术标准》(T/CHTS 10024—2020),自2020年7月31日起实施。

《公路悬索桥、斜拉桥钢结构制造与安装工程质量检验评定技术标准》(T/CHTS 10024—2020)的版权和解释权归中国公路学会所有,并委托主编单位安徽省交通建设工程质量监督局负责日常解释和管理工作。

中国公路学会

2020年7月13日

# 前 言

本标准在总结国内悬索桥、斜拉桥钢结构工程建设经验的基础上,对《公路工程质量检验评定标准 第一册 土建工程》(JTG F80/1—2017)中钢结构分项工程检验评定内容进行了补充、细化。

本标准按照《中国公路学会标准编写规则》(T/CHTS 10001)编写,共分4章、3个附录,主要内容包括:总则、术语、基本规定、钢结构制造与安装工程等。

本标准实施过程中,请将发现的问题和意见、建议反馈至安徽省交通建设工程质量监督局(地址:安徽省合肥市马鞍山南路856号;联系电话:0551-64682573;电子邮箱:zjz@ahjt.gov.cn),供修订时参考。

本标准由安徽省交通建设工程质量监督局提出,受中国公路学会委托,由安徽省交通建设工程质量监督局负责具体解释工作。

**主编单位**:安徽省交通建设工程质量监督局

**参编单位**:中铁宝桥集团有限公司、中铁山桥集团有限公司、中铁上海工程局集团有限公司、中交第二航务工程局有限公司、交通运输部公路科学研究院

**主要起草人**:何光、朱新华、马贤贵、马增岗、那宪伟、王华夏、和海芳、程寿山、刘志刚、付常谊、金健、李国华、孙立军、王金平

**主要审查人**:李彦武、周海涛、钟建驰、秦大航、侯金龙、赵君黎、刘元泉、杨耀铨、鲍卫刚、田智杰、韩亚楠

# 目　次

1 总则 ································································································ 1
2 术语 ································································································ 2
3 基本规定 ·························································································· 3
　3.1 一般规定 ···················································································· 3
　3.2 分项工程质量检验评定 ································································ 3
4 钢结构制造与安装工程 ······································································ 5
　4.1 钢塔节段制作 ············································································· 5
　4.2 钢塔节段机加工 ·········································································· 6
　4.3 钢塔节段防护 ············································································· 6
　4.4 钢塔节段安装 ············································································· 7
　4.5 钢锚梁（箱）节段制作 ································································ 8
　4.6 钢锚梁（箱）节段防护 ································································ 9
　4.7 钢锚梁（箱）节段安装 ································································ 10
　4.8 锚碇锚固系统制作 ······································································ 10
　4.9 锚碇锚固系统防护 ······································································ 11
　4.10 锚碇锚固系统安装 ···································································· 12
　4.11 索鞍制作 ·················································································· 12
　4.12 索鞍安装 ·················································································· 14
　4.13 主缆索股和锚头的制作与防护 ··················································· 15
　4.14 主缆架设 ·················································································· 15
　4.15 主缆防护 ·················································································· 16
　4.16 索夹制作与防护 ········································································ 17
　4.17 吊索和锚头的制作与防护 ·························································· 18
　4.18 索夹和吊索安装 ········································································ 18
　4.19 斜拉索制作与防护 ···································································· 19
　4.20 钢箱梁节段制作 ········································································ 20
　4.21 钢箱梁节段工厂防护 ································································· 21
　4.22 钢箱梁节段安装 ········································································ 21
　4.23 钢箱梁节段工地防护 ································································· 22
　4.24 钢桁梁节段制作 ········································································ 23
　4.25 钢桁梁节段防护 ········································································ 24
　4.26 钢桁梁节段安装 ········································································ 24
附表A 分项工程质量检验评定表 ·························································· 26
附表B 分部工程质量检验评定表 ·························································· 27
附表C 单位工程质量检验评定表 ·························································· 28
用词说明 ···························································································· 29

# 公路悬索桥、斜拉桥钢结构制造与安装工程质量检验评定标准

## 1 总则

1.0.1 为加强公路悬索桥、斜拉桥钢结构制造与安装工程质量管理,制定本标准。

1.0.2 本标准适用于公路悬索桥、斜拉桥钢结构制造与安装工程质量的检验和评定。

1.0.3 公路悬索桥、斜拉桥钢结构制造与安装工程质量检验评定除应符合本标准的规定外,尚应符合有关法律、法规及国家、行业现行有关标准的规定。

## 2 术语

**2.0.1 检验 inspection**

对被检查项目的特征和性能进行检查、检测、试验等,并将结果与标准规定的要求进行比较,以判定其是否合格所进行的活动。

**2.0.2 评定 evaluation**

对分项工程、分部工程、单位工程和合同段的质量进行检验,并确定其等级的活动。

**2.0.3 关键项目 dominant item**

分项工程中对结构安全、耐久性和主要使用功能起决定性作用的检查项目,在本标准中以"△"标识。

**2.0.4 一般项目 general item**

分项工程中除关键项目以外的检查项目。

**2.0.5 外观质量 quality of appearance**

通过观察和必要的测量所反映的工程实体外在质量及功能状态。

## 3 基本规定

### 3.1 一般规定

3.1.1 在施工准备阶段,应根据公路悬索桥、斜拉桥钢结构的结构类型,合理划分单位工程、分部工程、分项工程。工程划分应符合《公路工程质量检验评定标准 第一册 土建工程》(JTG F80/1)和表3.1.1的有关规定。

表3.1.1 悬索桥、斜拉桥分部、分项工程划分明细

| 单位工程 | 分部工程 | 分项工程 |
|---|---|---|
| 钢塔 | 制作 | 钢塔节段制作(含锚固构造),钢塔节段机加工,钢塔节段防护 |
| | 安装 | 钢塔节段安装 |
| 锚碇锚固系统（每个） | 制作 | 锚碇锚固系统制作,锚碇锚固系统防护与涂装 |
| | 安装 | 锚碇锚固系统安装 |
| 上部钢结构 | 钢锚梁(箱)制作 | 索塔钢锚梁(箱)节段制作,索塔钢锚梁(箱)节段防护 |
| | 缆索制作 | 主缆索股和锚头的制作,斜拉索制作与防护 |
| | 索鞍制作 | 索鞍制作 |
| | 索夹制作 | 索夹制作,索夹防护 |
| | 吊索制作 | 吊索和锚头制作与防护 |
| | 钢梁制作 | 钢箱梁节段制作,钢箱梁节段防护,钢桁梁节段制作,钢桁梁节段防护 |
| | 安装 | 索鞍安装,主缆架设、主缆防护,索夹和吊索安装,斜拉索安装,钢箱梁节段安装,钢桁梁节段安装,索塔钢锚梁(箱)节段安装 |

注:参照《公路工程质量检验评定标准 第一册 土建工程》(JTG F80/1—2017)附录A划分。分项、分部、单位工程质量检验评定表分别见本标准附表A~附表C。

3.1.2 钢结构制造与安装工程质量检验评定应符合下列规定:

1 单位工程、分部工程应符合《公路工程质量检验评定标准 第一册 土建工程》(JTG F80/1)的有关规定。

2 分项工程按照本标准进行检验评定。分项工程使用的原材料、半成品、成品应符合本标准的相关规定,无外观缺陷、质量保证资料真实齐全时,方可进行检验评定。

### 3.2 分项工程质量检验评定

3.2.1 分项工程应按照基本要求、实测项目、外观质量和质量保证资料等项目分别检验。

3.2.2 分项工程质量应按本标准的基本要求逐项检查,经检查不符合规定时,不得进行工程质量的检验评定。

**3.2.3** 实测项目检验应符合下列规定：

**1** 对检查项目按规定的检查方法和频率进行随机抽样检验并计算合格率。

**2** 本标准规定的检查方法为标准方法，采用的其他检测方法应经比对确认。

**3** 应按照式（3.2.3）计算检查项目合格率：

$$检查项目合格率(\%) = \frac{检查合格的点(组)数}{该检查项目的全部检查点(组)数} \times 100\% \quad (3.2.3)$$

**4** 检查项目合格判定应符合下列规定：

1) 关键项目的合格率不低于95%（工厂加工制造合格率为100%），否则该检查项目为不合格。

2) 一般项目的合格率应不低于90%，否则该检查项目为不合格。

3) 有规定极限的检查项目，任何单个检测值不应突破规定极限，否则该检查项目为不合格。

**3.2.4** 外观质量应进行全面检查，并满足规定要求，否则该检验项目为不合格。

**3.2.5** 质量保证资料应包括以下方面：

**1** 所有原材料的出厂质量证明书及全部复验资料。

**2** 工艺评定试验报告以及各种性能检测试验报告。

**3** 产品合格证书及半成品和成品质量检验报告以及焊缝检验报告、焊缝重大修补记录（包括质量事故处理报告）和焊接接头破坏性检验报告。

**4** 竣工图（包括加工图、拼装图、安装图等）。

**5** 各项质量控制指标的试验记录和质量检验汇总图表。

**6** 施工过程中遇到的非正常情况记录及其对工程质量影响的分析。

**7** 其他涉及工程质量的保证资料。

**3.2.6** 检验项目评为不合格的，应进行整修或返工处理直至合格。

**3.2.7** 分项工程质量评定应符合《公路工程质量检验评定标准 第一册 土建工程》（JTG F80/1）的有关规定。

## 4 钢结构制造与安装工程

### 4.1 钢塔节段制作

4.1.1 钢塔节段制作应符合下列基本要求：

1 采用的钢材和焊接材料的品种、规格、化学成分及力学性能应符合设计要求和有关技术规范规定，具有完整的出厂质量合格证明。

2 制作前应进行焊接工艺评定试验，评定结果应符合技术规范的要求。

3 钢塔元件、临时吊点等的加工尺寸和预拼装精度应符合设计要求和有关技术规范的规定。

4 应按设计和规范要求的探伤方法、频率、范围和检验等级进行焊缝探伤。同一部位的焊缝返修不得超过两次，返修后的焊缝应进行复验。

5 节段在制作完成后，应进行工厂预拼装，并按设计要求和有关技术规范规定进行验收，符合要求时方可出厂。

4.1.2 钢塔节段制作实测项目应符合表 4.1.2 的规定。

表 4.1.2 钢塔节段制作实测项目

| 项次 | 检查项目 | | 规定值或允许偏差 | 检查方法和频率 |
|---|---|---|---|---|
| 1△ | 高强螺栓孔偏差(mm) | 两组相邻孔距 | ±0.5 | 尺量：逐两组相邻孔 |
| | | 两组孔群中心线距 | ±0.8 | 尺量：逐两组孔群 |
| | | 孔径 | 0，+0.7 | 尺量：逐孔 |
| 2 | 纵肋垂直度(mm) | | ±2.0 | 直角尺：逐道 |
| 3△ | 焊缝无损检测首次合格率 | 超声波 | ≥90% | 按照设计要求执行 |
| 4△ | | 磁粉 | ≥90% | |
| 5△ | | 射线 | ≥90% | |
| 6 | 箱形截面高度(mm) | | ±2.0 | 钢尺：中心线及两侧 |
| 7 | 箱形截面宽度(mm) | | ±2.0 | 钢尺：两端 |
| 8 | 箱形对角线差(mm) | | ≤3.0 | 钢尺：两端 |
| 9 | 旁弯(mm) | | ≤3.0 | 紧线器、钢丝绳、钢尺 |
| 10 | 扭曲(mm) | | ≤3.0 | 垂线、钢尺 |
| 11 | 纵肋间距(mm) | | ±1.0 | 钢尺：逐道 |
| 12 | 板面平面度(mm) | 纵肋间 | ≤W/300 | 专用平尺，逐面 |
| | | 横隔板间 | ≤S/500 | |
| 13△ | 锚箱两侧中心高差(mm) | | ≤2 | 用全站仪测量锚箱中心 |
| 14△ | 锚箱中心纵距(mm) | | ±2 | 用钢尺测量 |
| 15△ | 锚箱中心横距(mm) | | ±3 | |
| 16△ | 斜拉索锚固点中心距(mm) | | 相邻锚孔距 $L_1$：±6<br>极边锚孔距 $L$：±12 | 全站仪、尺测量 |

注：W-隔板横向间距；S-隔板纵向间距；L-极边锚箱间距；$L_1$-相邻锚箱间距。

4.1.3 钢塔节段制作外观质量应符合下列规定：

1 节段内外表面不得有凹陷划痕、焊疤、电弧擦伤等缺陷，外露边缘应无毛刺。

2 焊缝均应平滑，无裂纹、未熔合、夹杂、未填满弧坑、焊瘤等缺陷，预焊件的组装焊接应符合设计要求。

## 4.2 钢塔节段机加工

4.2.1 钢塔节段机加工应符合下列基本要求：

1 应根据节段的受力状态、支点位置进行分析，以保证节段端面转角为零，划线与定位前应先调整支点反力，使各点受力均匀。

2 加工前应全面检测端口几何尺寸，并与理论模型进行核对，结合构件长度和端面角度等应划出加工基准线。

3 应根据规定的精度要求选择切削刀具、确定切削参数。

4 应对刚度较小的结构进行加固。装卡找正及铣削加工过程中，应防止因支撑位置不当影响加工精度。

5 加工完成后，应划出预拼装测点，并作出标识。

4.2.2 钢塔节段机加工实测项目应符合表4.2.2的规定。

表 4.2.2 钢塔节段机加工实测项目

| 项次 | 检查项目 | | 规定值或允许偏差 | 检查方法和频率 |
|---|---|---|---|---|
| 1△ | 平面度 | | ≤0.08mm/m | 激光跟踪仪(API)：逐端面 |
| | | | 全平面≤0.25mm | |
| 2△ | 节段端面对轴线的垂直度 | 横桥向 | ≤1/10000 | 激光跟踪仪：逐端面 |
| | | 纵桥向 | ≤1/10000 | |
| 3 | 表面粗糙度($\mu m$) | | $Ra$≤12.5 | 粗糙度测量仪或样块对比法：逐端面 |
| 4 | 节段高度(mm) | | ±2.0 | 钢盘尺：上下不少于4个测量位置 |

注：适用于金属接触传力型钢塔，焊接钢塔无此要求。

4.2.3 钢塔节段机加工外观质量应符合下列规定：

1 加工端面上不允许出现气孔、夹杂、未熔合及啃刀等缺陷，加工边缘应无毛刺。

2 端面防锈漆喷涂均匀，不允许存在流挂、皱皮缺陷。

## 4.3 钢塔节段防护

4.3.1 钢塔节段防护应符合下列基本要求：

1 涂装材料的品种规格、技术性能指标应符合设计和技术规范的要求，具有完整的出厂质量合格证明书。

2 采用的涂装体系应进行工厂和工地的工艺评定试验，试验结果应符合设计要求和有关规范规定。

3 涂装结束后，应进行涂层附着力测试，采用划格法或拉开法进行测试。测试结束后应对涂层破坏部位按要求进行修复。

4.3.2 钢塔节段防护实测项目应符合表 4.3.2 的规定。

表 4.3.2 钢塔节段防护实测项目

| 项次 | 检查项目 | | 规定值或允许偏差 | 检查方法和频率 |
|---|---|---|---|---|
| 1△ | 外表面漆膜总厚度（μm） | | 设计要求 | 磁性测厚仪：每10m²取1个测量单元，每个测量单元测5点，每个点附近测3次，取平均值 |
| 2△ | 内表面漆膜总厚度（μm） | | | |
| 3△ | 外表面喷砂除锈 | 清洁度 | | 标准比对：100% |
| 4△ | | 粗糙度 | | 对比样块或粗糙度仪：全面 |
| 5 | 内表面喷砂除锈 | 清洁度 | | 标准比对：100% |
| 6 | | 粗糙度 | | 对比样块或粗糙度仪：全面 |
| 7 | 附着力 | | 设计要求 | 划格法或拉开法按设计规定频率检查 |
| 8 | 外表面底漆（μm） | | | 磁性测厚仪：每10m²取1个测量单元，每个测量单元测5点，每个点附近测3次，取平均值 |
| 9 | 外表面中间漆（μm） | | | |
| 10△ | 高强度螺栓连接摩擦面漆（μm） | | | |

4.3.3 钢塔节段防护外观质量应符合下列规定：

1 涂层表面完整光洁、均匀，无破损、气泡、裂纹、针孔、凹陷、麻点、流挂和皱皮等缺陷。

2 涂后的漆膜颜色应符合设计要求。

## 4.4 钢塔节段安装

4.4.1 钢塔节段安装应符合下列基本要求：

1 工地连接用的高强度螺栓、焊接材料等的品种、规格、化学成分及力学性能应符合设计和有关技术规范要求，具有完整的出厂质量合格证明。

2 工地安装焊缝应按桥位工况进行焊接工艺评定试验，并制定实施性焊接施工工艺。

3 应按设计和有关技术规范及工艺文件要求的外观标准、无损探伤的内部质量等级、探伤范围及检验等级，对所有安装焊缝进行无损检测和外观检查，检测结果应全部合格。同一部位的焊缝返修不宜超过两次，返修后的焊缝应复验，并且合格。

4 应对随梁发送的试板进行高强螺栓连接摩擦面的抗滑移系数检验，检验结果应符合设计要求。高强螺栓终拧后高强螺栓外露应为2个～3个螺距。不符合要求的不应超过10%，设计另有要求的除外。

4.4.2 钢塔节段安装实测项目应符合表 4.4.2 的规定。

表 4.4.2 钢塔节段安装实测项目

| 项次 | 检查项目 | 规定值或允许偏差 | 检查方法和频率 |
|---|---|---|---|
| 1△ | 高强螺栓扭矩 | ±10% | 测力扳手：检查5%，且不少于2个 |
| 2△ | 安装高度（mm） | ±2n，且全部≤10 | 全站仪：每节段4点 |
| 3△ | 垂直度 | ≥120m，H/4000<br><120m，H/3000 | 全站仪：纵横向各2点 |

7

表 4.4.2（续）

| 项次 | 检查项目 | | 规定值或允许偏差 | 检查方法和频率 |
|---|---|---|---|---|
| 4 | 两塔柱中心距（接头部位）(mm) | | ±4.0 | 全站仪或钢尺：2条4点 |
| 5 | 对接口错台(mm) | | ≤2.0 | 钢尺：每边2点 |
| 6 | 节段相对塔柱轴线的偏差（接头部位） | | ≤2h/1000 | 全站仪：纵横向各2点 |
| 7 | 两塔柱横梁中心处高程相对差(mm) | | ±6.0 | 全站仪（钢尺）结合水准仪：5点 |
| 8△ | 端面金属接触率 | 壁板 | ≥50% | 0.04mm塞尺：逐段面 |
| | | 腹板 | ≥40% | |
| | | 加劲肋 | ≥25% | |
| 9△ | 斜拉索锚固点高程(mm) | | ±10 | 全站仪 |

注：$n$-安装钢塔节段数量，$H$-钢塔安装高度，$h$-单个钢塔节段高度。钢塔柱大节段安装节段相对塔柱轴线的偏差（接头部位）按照≤$h/1000$控制。

4.4.3 钢塔节段安装外观质量应符合下列规定：

1 线形平顺。

2 焊缝均应平滑，无裂纹、未熔合、夹杂、未填满弧坑、焊瘤等缺陷。

## 4.5 钢锚梁（箱）节段制作

4.5.1 钢锚梁（箱）节段制作基本要求应按本标准第4.1.1条的有关规定执行。

4.5.2 钢锚梁（箱）节段制作实测项目应符合表4.5.2-1和表4.5.2-2的规定。

表 4.5.2-1 钢锚梁节段制作实测项目

| 项次 | 实测项目 | | 规定值或允许偏差 | 检查方法和频率 |
|---|---|---|---|---|
| 1△ | 长度(mm) | | ±2 | 钢尺：每个检查 |
| 2△ | 腹板中心距(mm) | | ±2 | 卷尺：每个检查 |
| 3△ | 高度(mm) | | ±2 | 卷尺：每个检查 |
| 4△ | 锚点坐标(mm) | 顺桥方向X坐标 | ±2 | 卷尺：每个检查 |
| | | 横桥方向Y坐标 | | |
| | | 高度方向Z坐标 | | |
| 5△ | 锚面角度(°) | 横桥向 | ≤0.5 | 采用角度换算尺寸后，用钢盘尺和直尺测量 |
| | | 纵桥向 | | |
| 6 | 锚孔中心距(mm) | | ±4 | 卷尺：每个检查 |
| 7△ | 旁弯(mm) | | ≤3.0 | 拉线用尺量 |
| 8 | 扭曲(mm) | | ≤2.0 | 水准仪 |
| 9△ | 焊缝尺寸 | | 设计要求 | 量规：全部 |
| 10△ | 焊缝探伤首次合格率 | 超声波 | ≥90% | 按照设计要求 |
| | | 磁粉 | ≥90% | |
| | | 射线 | ≥90% | |

表 4.5.2-2 钢锚箱节段制作实测项目

| 项次 | 实测项目 | | 规定值或允许偏差 | 检查方法和频率 |
|---|---|---|---|---|
| 1△ | 断面尺寸(mm) | 高度(mm) | ±1 | 卷尺:每个检查 |
| 2△ | | 宽度 | ±2 | 卷尺:每个检查 |
| 3△ | | 对角线偏差 | ≤3 | 卷尺:每个检查 |
| 4△ | 锚点坐标(mm) | 顺桥方向 X 坐标 | ±2 | 卷尺:每个检查 |
| | | 横桥方向 Y 坐标 | | |
| | | 高度方向 Z 坐标 | | |
| 5 | 锚面角度(°) | | ≤0.5 | 采用角度换算尺寸后,用钢盘尺和直尺测量 |
| 6 | 箱体扭曲(mm) | | ≤3.0 | 水准仪 |
| 7△ | 焊缝尺寸 | | 设计要求 | 量规:全部 |
| 8△ | 焊缝探伤首次合格率 | 超声波 | ≥90% | 按照设计要求 |
| | | 磁粉 | ≥90% | |
| | | 射线 | ≥90% | |
| 9 | 机加工全断面平面度(mm) | | ≤0.2 | API:全断面 |
| 10 | 机加工全断面粗糙度(μm) | | 12.5 | 粗糙度测量仪或对比样块 |
| 11 | 节段上下两端面平行度(mm) | | ≤0.8 | 平行度测量仪:每节段测6点 |

4.5.3 钢锚梁(箱)节段制作外观质量应按本标准第4.1.3条的有关规定执行。

## 4.6 钢锚梁(箱)节段防护

4.6.1 钢锚梁(箱)节段防护基本要求应按本标准第4.3.1条的有关规定执行。

4.6.2 钢锚梁(箱)节段防护实测项目应符合表4.6.2的规定。

表 4.6.2 钢锚梁(箱)节段防护实测项目

| 项次 | 实测项目 | | 规定值或允许偏差 | 检查方法和频率 |
|---|---|---|---|---|
| 1△ | 除锈 | 除锈等级 | 设计要求 | 对比样块或粗糙度仪:全面 |
| | | 粗糙度 | | |
| 2△ | 内表面总干膜厚度 | | 设计要求 | 磁性测厚仪:每10m²取1个测量单元,每个测量单元测5点,每个点附近测3次,取平均值 |
| 3△ | 喷涂金属 | | 设计要求 | |
| 4 | 剪力钉区域 | | 设计要求 | |
| 5△ | 附着力 | | 设计要求 | 划格或拉力试验:按设计规定频率 |

4.6.3 钢锚梁(箱)节段防护外观质量应按本标准第4.3.3条的有关规定执行。

## 4.7 钢锚梁(箱)节段安装

**4.7.1** 钢锚梁(箱)节段安装应符合下列基本要求：

1 钢锚梁(箱)节段在工厂里应进行预拼装。

2 钢锚梁节段之间现场采用高强螺栓连接的,高强螺栓施拧应符合《钢结构高强度螺栓连接技术规程》(JGJ 82)的有关规定。

**4.7.2** 钢锚梁(箱)节段安装实测项目应符合表 4.7.2-1 和表 4.7.2-2 的规定。

表 4.7.2-1 钢锚梁节段安装实测项目

| 项次 | 实 测 项 目 | 规定值或允许偏差 | 检查方法和频率 |
|---|---|---|---|
| 1△ | 中心轴线偏位(mm) | ≤5 | 全站仪：每段纵横向各测 2 点 |
| 2△ | 顶面高程(mm) | ±2$n$,且不超过±10 | 全站仪：每段测 4 角 |
| 3 | 索导管角度(°) | ≤0.5 | 全站仪 |
| 4△ | 高强螺栓扭矩 | ±10% | 测力扳手：检查 5% |
| 5 | 钢锚梁与支承面的接触率 | 设计要求 | 塞尺：检查各支撑面 |

表 4.7.2-2 钢锚箱安装实测项目

| 项次 | 实 测 项 目 | 规定值或允许偏差 | 检查方法和频率 |
|---|---|---|---|
| 1△ | 中心轴线偏位(mm) | 相邻节段≤2,累计偏位≤10 | 全站仪：每个检查 |
| 2△ | 顶面高程(mm) | ±2$n$,且不超过±10 | 全站仪：每段测 4 角 |
| 3 | 钢锚箱断面金属接触率 | 设计要求,设计无要求时≥40% | 塞尺：全断面检测 |
| 4△ | 高强螺栓扭矩 | ±10% | 扭矩扳手：抽查检查 5%,且不少于 2 个 |

**4.7.3** 钢锚梁(箱)安装外观质量应符合下列规定：

1 钢锚梁节段间应无错台及不平整。

2 表面防护应无破损。

3 机加工面防护要到位。

## 4.8 锚碇锚固系统制作

**4.8.1** 锚碇锚固系统制作基本要求应按本标准第 4.1.1 条的有关规定执行,且锚垫板与拉索孔道应垂直。

**4.8.2** 锚碇锚固系统制作实测项目应符合表 4.8.2-1 和表 4.8.2-2 的规定。

表 4.8.2-1 预应力锚碇锚固系统制作实测项目

| 项次 | 实测项目 | | 规定值或允许偏差 | 检查方法和频率 |
|---|---|---|---|---|
| 1 | 连接平板 | 拉杆孔至锚孔中心距(mm) | ±0.5 | 钢尺:抽查50%,每件测各拉杆孔 |
| 2 | | 主要孔径(mm) | 1.0,0 | 游标卡尺:抽查50%,每件测各孔相互垂直方向 |
| 3 | | 孔轴线与顶、底面的垂直度(°) | ≤0.3 | 位置度测量法:抽查50%,每件各孔检查3处 |
| 4 | | 顶、底面平行度(mm) | ≤0.4 | 打表法:抽查50%,每件检查3处 |
| 5 | | 板厚(mm) | 1.0,0 | 测厚仪:抽查50%,每件测5处 |
| 6 | 连接套筒 | 轴线与顶、底面的垂直度(°) | ≤0.3 | 跳动检测仪:抽查50%,每件检查3处 |
| 7 | | 顶、底面平行度(mm) | ≤0.25 | 端面圆跳动:抽查50%,每件检查3处 |
| 8 | | 板厚(mm) | 1.0,0 | 测厚仪:抽查50%,每件测5处 |
| 9 | | 拉杆同轴度(mm) | ≤0.1 | 径向圆跳动:抽查50%,每件检查3处 |
| 10△ | | 拉杆、连接平板、连接套筒、螺母探伤 | 设计要求 | 按设计要求的方法和频率检查,设计未要求时100%UT和10%RT |

注:UT-超声波探伤检测;RT-X射线探伤检测。

表 4.8.2-2 刚架锚碇锚固系统制作实测项目

| 项次 | 实测项目 | | 规定值或允许偏差 | 检查方法和频率 |
|---|---|---|---|---|
| 1 | 锚杆、锚梁断面尺寸(mm) | | ±1.5 | 钢尺:每件测2处 |
| 2 | 杆件长度(mm) | | 设计要求,无要求时±3.0 | 钢尺:每件测中心线 |
| 3 | 锚杆、锚梁连接部位翼板平面度(mm) | | ≤0.5 | 钢尺、塞尺:每件测连接面 |
| 4 | 锚杆、锚梁弯曲(mm) | | ≤3.0 | 拉线测量:每件测 |
| 5 | 锚杆、锚梁扭曲(mm) | | 设计要求,无要求时≤3.0 | 杆件置于平台上,量悬空角与平台间隙:测每件 |
| 6 | 焊缝尺寸 | | 满足设计要求 | 量规:检查全部,每条焊缝测3处 |
| 7△ | 焊缝探伤首次合格率 | 超声波 | ≥90% | 按照设计要求 |
| | | 磁粉 | | |
| | | 射线 | | |

4.8.3 锚碇锚固系统制作外观质量应符合下列规定:

1 锚固系统表面不得有凹陷划痕、焊疤、电弧擦伤等缺陷,外露边缘应无毛刺。

2 焊缝均应平滑,无裂纹、未熔合、夹杂、未填满弧坑、焊瘤等缺陷。

## 4.9 锚碇锚固系统防护

4.9.1 锚碇锚固系统防护基本要求应按本标准第4.3.1条的有关规定执行。

4.9.2 锚碇锚固系统防护实测项目应符合表4.9.2的规定。

表 4.9.2 锚碇锚固系统防护实测项目

| 项次 | 检查项目 | | 规定值或允许偏差 | 检查方法和频率 |
|---|---|---|---|---|
| 1△ | 外表面面漆 | | 设计要求 | 磁性测厚仪：每 10m² 取 1 个测量单元，每个测量单元测 5 点，每个点附近测 3 次，取平均值 |
| 2△ | 表面喷砂除锈 | 光洁度 | 设计要求 | 标准比对：100% |
| 3△ | | 粗糙度 | 设计要求 | 对比样块或粗糙度仪：全面 |
| 4 | 外表面底漆(μm) | | 设计要求 | 磁性测厚仪：每 10m² 取 1 个测量单元，每个测量单元测 5 点，每个点附近测 3 次，取平均值 |
| 5 | 剪力键区域防护(μm) | | 设计要求 | |
| 6△ | 附着力 | | 设计要求 | 划格法或拉开法：按设计规定频率检查 |

4.9.3 锚碇锚固系统防护外观质量应按本标准第 4.3.3 条的有关规定执行。

### 4.10 锚碇锚固系统安装

4.10.1 锚碇锚固系统安装应符合下列基本要求：

1 施工放样精度应符合设计要求。

2 锚固系统应安装牢固。

4.10.2 锚碇锚固系统安装实测项目应符合表 4.10.2 的规定。

表 4.10.2 锚碇锚固系统安装实测项目

| 项次 | 检测项目 | 规定值或允许偏差 | 检验方法和频率 |
|---|---|---|---|
| 1△ | 锚面孔道中心坐标偏差(mm) | ±10 | 全站仪：逐个 |
| 2△ | 前锚面孔道角度(°) | ±0.2 | 全站仪：逐个检查 |
| 3 | 连接板轴线偏位(mm) | ≤5.0 | 全站仪、钢尺：测量连接板中心线与板边线交点 |

4.10.3 锚碇锚固系统安装外观质量应符合下列规定：

1 锚固体系表面应无破损。

2 锚杆线形平顺。

3 焊缝和螺栓连接应符合相关规范要求。

### 4.11 索鞍制作

4.11.1 索鞍制作应符合下列基本要求：

1 鞍槽材料性能、无损检测结果应满足设计要求，并具有完整的出厂质量合格证明。

2 鞍座钢板应按有关标准逐张进行超声波探伤，成批钢板应按设计和有关规范规定的频率和方法抽样进行化学成分和机械性能试验。探伤和试验结果均合格方可使用。

3 施焊前,应按相关技术规范的规定和设计要求,对母材、焊条及坡口形式、焊接质量等进行焊接工艺评定,采用经焊接工艺评定合格的焊条、焊丝和焊剂。

4 索鞍焊缝应按照设计要求进行无损检测,探伤结果应合格。

5 出厂前应先进行预拼装,各零部件应标记。搬动、运输和储存过程中,任何零部件和涂装不应损伤和散失。

4.11.2 索鞍制作实测项目应符合表 4.11.2-1 和表 4.11.2-2 的规定。

表 4.11.2-1 主索鞍制作实测项目

| 项次 | 检查项目 | | 规定值或允许偏差 | 检查方法和频率 |
|---|---|---|---|---|
| 1△ | 主要平面 | 平面度 | 0.08mm/1000mm,且 0.5mm/全平面 | 平面度测量仪或机床检查:各主要平面测 12 处,应交叉检测 |
| 2△ | | 两平面的平行度(mm/全长) | ≤0.5 | 平面度测量仪或机床检查:各主要平面测 6 处 |
| 3△ | | 鞍座下平面对中心索槽竖直平面的垂直度偏差(mm/全长) | ≤2.0 | 跳动测量仪或机床检查:测 6 处 |
| 4 | | 对合竖直平面与鞍体下平面的垂直度偏差(mm/全长) | ≤3.0 | 跳动测量仪或机床检查:测 6 处 |
| 5 | | 鞍座底面对中心索槽底的高度(mm) | ±2 | 跳动测量仪或机床检查:测 3 处 |
| 6△ | | 鞍槽轮廓的圆弧半径(mm) | ±2 | 跳动测量仪或机床检查:测 3 处 |
| 7△ | 鞍槽内各尺寸 | 各槽宽度、深度偏差(mm) | +1,累积误差+2 | 样板:测 3 个断面 |
| 8 | | 各槽与中心索槽的对称度(mm) | ≤0.5 | 跳动测量仪或机床检查:测 3 个断面 |
| 9△ | | 加工后鞍槽底部及侧壁厚度(mm) | ±10 | 机床检查或设置基准面测量:测 3 个断面 |
| 10 | | 各槽曲线立面角度偏差(°) | ±0.2 | 角度传感仪或机床检查:测各曲线 |
| 11 | | 鞍槽表面粗糙度($\mu m$) | 设计要求 | 粗糙度仪:各槽表面测 3 处 |

注:主要平面包括主索鞍的下平面、对合的竖直平面;上、下支承板的上下平面;中心索槽的竖直(基准)平面。

表 4.11.2-2 散索鞍制作实测项目

| 项次 | 检查项目 | | 规定值或允许偏差 | 检查方法和频率 |
|---|---|---|---|---|
| 1△ | 主要平面 | 平面度(mm) | 0.08mm/1000mm,且≤0.5mm/全平面 | 平面度测量仪或机床检查:各主要平面测 12 处,应交叉检测 |
| 2△ | | 两平面的平行度(mm/全长) | ≤0.5 | 平面度测量仪或机床检查:各主要平面测 6 处 |
| 3△ | | 摆轴中心线与索槽中心平面的垂直度(mm/全长) | ≤3.0 | 跳动测量仪或机床检查:测 6 处 |
| 4 | | 鞍座底面对中心索槽底的高度(mm) | ±2 | 跳动测量仪或机床检查:测 6 处 |

表 4.11.2-2（续）

| 项次 | 检查项目 | | 规定值或允许偏差 | 检查方法和频率 |
|---|---|---|---|---|
| 5△ | 鞍槽内各尺寸 | 鞍槽轮廓的圆弧半径（mm） | ±2 | 跳动测量仪或机床检查：测6处 |
| 6△ | | 各槽宽度、深度偏差(mm) | +1，累积误差+2 | 样板：测3个断面 |
| 7△ | | 各槽与中心索槽的对称度(mm) | ≤0.5 | 跳动测量仪或机床检查：测3个断面 |
| 8△ | | 加工后鞍槽底部及侧壁厚度(mm) | ±10 | 机床检查或设置基准面测量：测3个断面 |
| 9 | | 各槽曲线立面角度偏差（°） | ±0.2 | 角度传感仪或机床检查：测各曲线 |
| 10 | | 鞍槽表面粗糙度 $Ra(\mu m)$ | 满足设计要求 | 粗糙度仪：各槽表面测5处 |

注：主要平面包括摆轴平面、底板下平面；中心索槽的竖直平面。

**4.11.3** 索鞍制作外观质量应符合下列规定：

1 铸钢件加工表面不得有气孔、沙眼、缩松。

2 焊缝均应平滑，无裂纹、未熔合、夹杂、未填满弧坑、焊瘤等缺陷。

3 各孔、平面的加工表面不得漏涂除锈油脂。

## 4.12 索鞍安装

**4.12.1** 索鞍安装应符合下列基本要求：

1 索鞍成品应按设计和有关技术规范要求验收合格后，方可安装。

2 应按照设计要求放置底板，其表面应平整，与索鞍支承板密贴。

3 索鞍安装前应进行全面检查，不得出现损伤。索槽内部应清洁，不应沾有油脂或油漆等材料。

4 索鞍就位后应锁定牢固。

**4.12.2** 索鞍安装实测项目应符合表 4.12.1-1 和表 4.12.1-2 的规定。

表 4.12.1-1 主索鞍安装实测项目

| 项次 | 检查项目 | | 规定值或允许偏差 | 检查方法和频率 |
|---|---|---|---|---|
| 1△ | 安装偏位（mm） | 纵桥向 | 设计要求 | 全站仪，尺量：每鞍测纵、横中心线2点 |
| | | 横桥向 | ≤10 | |
| 2△ | 底板高程(mm) | | +20，-0 | 全站仪：每鞍测量4角 |
| 3 | 底板四角高差(mm) | | ≤2 | |
| 4 | 高强螺栓扭矩（N·m） | | ±10% | 扭矩扳手：检查5%，且不少于2个 |

表 4.12.1-2 散索鞍安装实测项目

| 项次 | 检 查 项 目 | 规定值或允许偏差 | 检查方法和频率 |
|---|---|---|---|
| 1△ | 底板轴线纵、横向(mm) | ≤5 | 全站仪,尺量:每鞍测纵、横中心线2点 |
| 2 | 底板中心高程(mm) | ±5 | 水准仪:每鞍测量 |
| 3 | 底板高差(mm) | ≤2 | 水准仪:每鞍测量 |
| 4△ | 散索鞍竖向倾斜度(mm) | 设计要求 | 全站仪:每鞍测量 |

4.12.3 索鞍安装外观质量应符合下列规定:

表面防护损伤应修复。

## 4.13 主缆索股和锚头的制作与防护

4.13.1 主缆索股和锚头的制作应符合下列基本要求:

1 锚杯和锚板应逐件进行无破损探伤检测,合格后方可使用。

2 索股在成批生产前,应按设计要求进行拉伸破坏试验,合格后方可生产。应对索股的上盘和放盘进行工艺试验。

3 索股上的标记点应齐全、准确。

4 运输和存储过程中索股和锚头不得受到损伤、污染。

4.13.2 主缆索股和锚头的制作实测项目应符合表4.13.2的规定

表 4.13.2 主缆索股和锚头的制作与防护实测项目

| 项次 | 检 查 项 目 | 规定值或允许偏差 | 检查方法和频率 |
|---|---|---|---|
| 1△ | 索股基准丝长度(mm) | ±$L_Z$/15000 | 专用测量平台:测量每丝 |
| 2 | 成品索股长度(mm) | ±$L_S$/10000 | 专用测量平台:测量每丝 |
| 3 | 热铸锚合金灌铸率(%) | ≥92 | 量测体积后计算:每件检查 |
| 4 | 锚头顶压索股外移量[按规定顶压力,持荷5min(mm)] | 设计要求 | 百分表:每件检查 |
| 5 | 索股轴线与锚头端面垂直度(°) | ±0.5 | 百分表:每件检查 |
| 6 | 锚头表面涂层厚度(μm) | 设计要求 | 测厚仪:每件检查 |

注1:$L_Z$-基准丝长度,$L_S$-索股长度,计算规定值或允许偏差以 mm 计算。

注2:项次4外移量允许偏差应在扣除初始外移量之后进行测量。

4.13.3 主缆索股和锚头的制作外观质量应符合下列规定:

1 索股不应出现松散。

2 钢丝、锚头防护应无损伤。

## 4.14 主缆架设

4.14.1 主缆架设应符合下列基本要求:

1 索股成品应有合格证,应按设计和有关技术规范要求验收合格方可架设。

2 索股入鞍、入锚位置应满足设计要求,架设时索股不得弯折、扭转和散开。

3 索股锚固应与锚板正交,锚头锁定应牢固。

4.14.2 主缆架设实测项目应符合表 4.14.2 的规定。

表 4.14.2 主缆架设实测项目

| 项次 | 检查项目 | | 规定值或允许偏差 | 检查方法和频率 |
|---|---|---|---|---|
| 1 | 索股高程（mm） | 基准 中跨跨中 | ±L/20000 | 全站仪:测量跨中 |
| | | 基准 边跨跨中 | ±L/10000 | |
| | | 基准 上、下游高差 | 10 | |
| | | 一般 相对于基准索股 | +10,−5 | — |
| 2 | 锚跨索股力偏差 | | 设计要求 | 测力计:每索股检查 |
| 3 | 主缆空隙率(%) | | ±2 | 量直径和周长后计算:测索夹处和两索夹间,抽查50% |
| 4 | 主缆直径不圆度(%) | | ≤2 | 紧缆后横竖直径之差,与设计直径相比,测两索夹间 |

注:L 为中跨跨径,计算规定值或允许偏差时以 mm 计算。

4.14.3 主缆架设外观质量应符合下列规定:

1 索股钢丝应无鼓丝、不重叠。

2 索股不应出现交叉、扭转。

3 索股表面应无污染,锚头防护层、钢丝镀锌层损伤应修复。

## 4.15 主缆防护

4.15.1 主缆防护应符合下列基本要求:

1 缠绕钢丝应嵌进索夹端部留出的凹槽内不少于 3 圈,绕丝端部应牢固地嵌入索夹端部槽内并焊接固定。

2 索夹缝隙、螺杆孔、端部应填充密实。

3 防护层表面应平整。

4 主缆缆套的各处密封性能应满足设计要求。

4.15.2 主缆防护实测项目应符合表 4.15.2 的规定。

表 4.15.2 主缆防护实测项目

| 项次 | 检查项目 | 规定值或允许偏差 | 检查方法和频率 |
|---|---|---|---|
| 1 | 缠丝间距(mm) | ≤1 | 插板:每两索夹间随机量测 1m 内最大间距处 |
| 2 | 缠丝张力(kN) | ±0.3 | 标定检测:每盘抽查 1 处 |
| 3 | 防护涂层厚度(μm) | 设计要求 | 涂层采用贴片法,密封剂采用切片法:每缆每 100m 测 1 处,每缆每跨不少于 3 处 |

4.15.3 主缆防护外观质量应符合下列规定：

1 缠绕缝隙腻子应饱满，裹覆层处不得残留腻子。

2 缠丝不得重叠交叉。

3 防护层表面涂装应无针孔、裂纹、脱落、漏涂。

4 索夹密封应无裂纹、气泡、缝隙。

## 4.16 索夹制作与防护

4.16.1 索夹制作与防护应符合下列基本要求：

1 分批热处理的铸钢件和合金结构钢均应按设计和有关技术规范要求进行验收。

2 每一件加工成品（索夹和螺杆）都应按设计要求和有关技术规范的规定进行无损探伤，每对索夹两半部分应先进行编号和试拼装。

3 每半索夹超标缺陷不应超过2处，同一处修补不宜超过2次，并做好修补记录备查。

4 索夹与螺杆的螺母和垫圈的接触面应与螺杆轴线垂直，加工精度应满足设计要求。

4.16.2 索夹制作与防护实测项目应符合表4.16.2的规定。

表4.16.2 索夹制作与防护实测项目

| 项次 | 检 查 项 目 | | 规定值或允许偏差 | 检查方法和频率 |
|---|---|---|---|---|
| 1 | 索夹内径及长度(mm) | | ±2 | 量具：每件检查中部、端部断面相互垂直两个方向的内径，长度测2处 |
| 2 | 壁厚(mm) | | +5.0 | 卡尺：每件检查10处 |
| 3 | 圆度(mm) | | ≤2.0 | 电动轮廓仪或机床检查：每组件检查5处 |
| 4 | 平直度(mm) | | ≤1.0 | 平直度测量仪或激光准直仪：每组件测5处 |
| 5 | 索夹内壁粗糙度$R_z(\mu m)$ | | 按设计要求，设计未要求时取12.5~25 | 粗糙度仪：每组件测10处 |
| 6 | 耳板 | 销孔位置偏差(mm) | ±1 | 卡尺：抽查50%，每件检查2处 |
| | | 销孔内径(mm) | +1.0 | |
| 7 | 螺孔 | 螺孔中心偏位(mm) | ±1.5 | 卡尺：抽查50%，每件检查2处 |
| | | 螺孔直径(mm) | ±2.0 | |
| | | 直线度(mm) | ≤L/500 | 直线度测量仪或光纤传感仪：抽查50%，每件检查3处 |

注：$L$—螺杆孔深度。

4.16.3 索夹制作与防护外观质量应符合下列规定：

1 索夹表面不得存在超标的凹坑、气孔、砂眼，无飞边毛刺。

2 索夹螺杆、螺母、垫圈等表面不应欠涂防护油脂，不应出现锈迹、污物和螺纹损伤。

## 4.17 吊索和锚头的制作与防护

4.17.1 吊索和锚头的制作与防护应符合下列基本要求：

1 吊索、锚杯材料的化学成分和各项力学性能应符合设计和有关技术规范要求。

2 锚杯、耳板和销轴应逐件按设计要求进行无损探伤检测。

3 吊索和锚头组装件应按设计要求进行拉伸破坏试验。

4 吊索和锚头的防护应满足设计要求。

5 吊索和锚头在搬动、运输和存储过程中不应出现损伤。

4.17.2 吊索和锚头的制作与防护实测项目应符合表 4.17.2 的规定。

表 4.17.2 吊索和锚头制作与防护实测项目

| 项次 | 检查项目 | | 规定值或允许偏差 | 检查方法和频率 |
|---|---|---|---|---|
| 1 | 吊索调整后长度（销孔之间）(mm) | ≤5m | ±1 | 尺量或专用测量平台：检查每根 |
| | | >5m | ±L/5000 且不得超过±30 | |
| 2 | 销轴直径(mm) | | 0，-0.15 | 卡尺：测量每个端部断面相互垂直两个方向直径 |
| 3 | 叉形耳板销孔位置偏差(mm) | | ±2.0 | 钢尺：检查每叉耳板两面，由水平孔中心线与孔边线交点坐标推算 |
| 4 | 热铸锚合金灌注率(%) | | ≥92 | 测量体积后计算：检查每个 |
| 5 | 锚头顶压后吊索外移量（按规定顶压力，持荷5min）(mm) | | 设计要求 | 百分表：检查每个 |
| 6 | 吊索轴线与锚头端面垂直度(°) | | ≤0.5 | 角度仪：每锚测两个相互垂直方向 |

注1：项次 5 顶压外移量允许偏差应在扣除初始外移量之后进行量测。
注2：L-吊索长度。

4.17.3 吊索和锚头的制作与防护外观质量应符合下列规定：

1 吊索和锚头表面不得出现锈蚀和损伤。

2 吊索不得出现折弯，护套应无气泡、划痕、开裂、畸形缺陷。

## 4.18 索夹和吊索安装

4.18.1 索夹和吊索安装应符合下列基本要求：

1 螺栓紧固按设计要求和相关标准规定要求分阶段检查螺杆中的拉力。

2 索夹内表面和索夹处主缆表面应按照设计要求进行处理，安装时应清洁、干燥。

4.18.2 索夹和吊索安装实测项目应符合表4.18.2的规定。

表4.18.2 索夹和吊索安装实测项目

| 项次 | 检查项目 | | 规定值或允许偏差 | 检查方法和频率 |
|---|---|---|---|---|
| 1 | 索夹偏位 | 顺缆向(mm) | ≤10 | 全站仪和钢尺:每个 |
| | | 偏转角(°) | ≤0.5 | 角度仪:每个 |
| 2△ | 螺杆紧固力(kN) | | 设计要求 | 压力表读数:每个 |

4.18.3 索夹和吊索安装外观质量应符合下列规定:

1 吊索应无扭结。

2 索夹、吊索的防护应无划伤、裂纹、断裂等缺陷。

### 4.19 斜拉索制作与防护

4.19.1 斜拉索制作与防护应符合下列基本要求:

1 拉索材料的各项技术性能应符合设计要求。

2 钢丝应梳理顺直,热挤时平行钢丝束的扭转角度应满足技术规范要求,不得松散。

3 热挤防护采用的高密度聚乙烯材料的技术性能应符合设计要求。

4 锚头机械精加工尺寸应满足设计要求。锚头应按设计或规范要求进行探伤。

5 灌注材料配料应准确,加温固化应严格控制程序、温度和时间。

4.19.2 斜拉索制作与防护实测项目应符合表4.19.2的规定。

表4.19.2 斜拉索制作与防护实测项目

| 项次 | 实测项目 | | 规定值或允许偏差 | 检查方法和频率 |
|---|---|---|---|---|
| 1△ | 斜拉索长度(mm) | ≤200m | ±10mm | 尺量,每根 |
| | | >200m | ±L/10000 | |
| 2△ | PE防护厚度(mm) | | +1,-0.5 | 尺量,抽查20% |
| 3△ | 冷铸填料强度(mm) | 允许 | 不小于设计 | 试验机,每锚3个边长30mm试件 |
| | | 极值 | 小于设计的10% | |
| 4△ | 锚具附近密封处理(mm) | | 设计要求 | 目测,全部 |
| 5 | 锚板孔眼直径D(mm) | | d<D<1.1d | 量规,每件 |
| 6 | 镦头尺寸(mm) | | 镦头直径≥1.4d 镦头高度≥d | 游标卡尺每种规格检查10件 |

注:$L$-索长;$d$-钢丝直径。

4.19.3 斜拉索制作与防护外观质量应符合下列规定:

1 斜拉索表面应平整密实,无畸形,颜色一致,与外PE防护结合紧密。

2 锚具不应有裂纹。

3 斜拉索表面应无碰伤或擦痕。

## 4.20 钢箱梁节段制作

**4.20.1** 钢箱梁节段制作基本要求应按本标准第 4.1.1 条的有关规定执行。

**4.20.2** 钢箱梁节段制作实测项目应符合表 4.20.2 的规定

表 4.20.2 钢箱梁节段制作实测项目

| 项次 | 实 测 项 目 | | | 规定值或允许偏差 | 检查方法和频率 |
|---|---|---|---|---|---|
| 1 | 节段长度(mm) | | | ±2 | 钢尺:中心线及两侧 |
| 2 | 节段桥面板四角高差(mm) | | | ≤4 | 水准仪:4个角点 |
| 3 | 风嘴直线度偏差(mm) | | | $L/2000$ 且≤5 | 拉线、尺量:各风嘴边缘 |
| 4△ | 端口尺寸(mm) | 宽度 | ≤30m | ±6 | 钢尺:两端 |
| | | | >30m | ±8 | |
| | | 高度 | 中心高 | ±2 | |
| | | | 边高 | ±3 | |
| | | 横断面对角线差 | | ≤6 | |
| 5△ | 吊点位置 | 吊点中心距桥中心线及端口基准线偏差(mm) | | ±2 | 钢尺:吊点断面 |
| | | 同一节段两侧吊点相对高差(mm) | | ±5 | 水准仪:逐对 |
| | | 相邻节段吊点中心距偏差(mm) | | ±2 | 钢尺:逐个 |
| | | 节段两侧吊点中心连接线与桥轴线垂直度误差(′) | | ±2 | 全站仪:每段 |
| 6△ | 节段匹配性(mm) | 纵桥向中心线偏差 | | ≤1.0 | 钢尺、全站仪:每段 |
| | | 顶、底、腹板对接间隙 | | +3,−1 | 钢尺:各对接断面 |
| | | 顶、底、腹板对接错边 | | ≤2 | 钢板尺:各对接断面 |
| 7△ | 焊缝尺寸(mm) | | | 设计要求 | 量规:全部 |
| 8△ | 焊缝探伤首次合格率 | 超声波 | | ≥90% | 设计要求 |
| | | 磁粉 | | ≥90% | |
| | | 射线 | | ≥90% | |
| 9 | 横向坡度(%) | 单索面 | | 0<br>−0.1 | 水准仪:测同一横断面3处 |
| | | 双索面 | | +0.2<br>0 | |
| 10△ | 锚箱 | 锚点坐标(mm) | | ±2 | 全站仪、钢尺:检查每锚垫板,由水平及相互垂直的锚孔中心线与垫板板边交点的坐标推算 |
| | | 斜拉索轴线角度(°) | | ≤0.5 | 角度仪:检查每锚垫板与水平面、立面的夹角,各测3处 |

注:$L$-钢箱梁制造长度。

4.20.3 钢箱梁制作外观质量应按本标准第 4.1.3 条的有关规定执行。

## 4.21 钢箱梁节段工厂防护

4.21.1 钢箱梁节段工厂防护基本要求应按本标准第 4.3.1 条的有关规定执行。

4.21.2 钢箱梁节段工厂防护实测项目应符合表 4.21.2 的规定。

表 4.21.2 钢箱梁节段工厂防护实测项目

| 项次 | 实 测 项 目 | | 规定值或允许偏差 | 检查方法和频率 |
|---|---|---|---|---|
| 1△ | 外表面除锈 | 清洁度 | 设计要求 | 比照板目测:100% |
| | | 粗糙度 | | 对比样块或粗糙度仪:全面 |
| 2△ | 内表面除锈 | 清洁度 | | 比照板目测:100% |
| | | 粗糙度 | | 对比样块或粗糙度仪:全面 |
| 3 | 桥面漆干膜总厚度($\mu m$) | | | 磁性测厚仪:每 10$m^2$ 取 1 个测量单元,每个测量单元测 5 点,每个点附近测 3 次,取平均值 |
| 4 | 箱外表面漆干膜总厚度($\mu m$) | | | |
| 5 | 箱内表面漆干膜总厚度($\mu m$) | | | |
| 6 | 风嘴内表面漆干膜总厚度($\mu m$) | | | |
| 7 | 检修道及路缘带外表面漆干膜总厚度($\mu m$) | | | |
| 8 | 栏杆、护栏、泄水管和灯座漆干膜总厚度($\mu m$) | | | 漆膜测厚仪 |
| 9△ | 附着力 | | | 划格或拉力试验:按设计规定频率 |

4.21.3 钢箱梁节段工厂防护外观质量应按本标准第 4.3.3 条的有关规定执行。

## 4.22 钢箱梁节段安装

4.22.1 钢箱梁节段安装基本要求应按本标准第 4.4.1 条的有关规定执行。

4.22.2 钢箱梁节段安装实测项目应符合表 4.22.2-1~表 4.22.2-3 的规定。

表 4.22.2-1 悬索桥钢箱梁节段安装实测项目

| 项次 | 实 测 项 目 | | 规定值或允许偏差 | 检查方法和频率 |
|---|---|---|---|---|
| 1 | 吊点偏位(mm) | | 20 | 全站仪:逐个 |
| 2 | 同一节段两侧对称吊点处梁顶高差(mm) | | 20 | 水准仪:逐个 |
| 3△ | 相邻节段匹配高差(mm) | | 2 | 钢板尺:逐段 |
| 4 | 钢箱梁节段的轴线纵横向偏差(mm) | | 10 | 全站仪:逐段 |
| 5△ | 高强螺栓连接 | 扭矩(N·m) | ±10% | 扭矩扳手:5%,每个 U 肋不少于 2 个 |
| | | 栓接面抗滑移系数 | ≥0.45 | 每 2000t 做 1 批 |
| 6△ | 焊缝尺寸(mm) | | 设计要求 | 量规:全部 |

注:测量数据应在日出之前结构温度较稳定时测读。

**表 4.22.2-2　斜拉桥钢箱节段悬臂安装实测项目**

| 项次 | 实测项目 | | 规定值或允许偏差 | 检查方法和频率 |
|---|---|---|---|---|
| 1 | 轴线偏位（mm） | L≤200m | ≤10 | 全站仪：每段2点 |
|  |  | L＞200m | ≤L/20000 |  |
| 2 | 梁顶水平度（mm） | | 20 | 水准仪：测梁顶四角 |
| 3△ | 相邻节段匹配高差（mm） | | 2 | 尺量：每段 |
| 4△ | 梁锚固点高程或梁顶高程差（mm） | | 符合设计和施工控制要求 | 水准仪：测量每个锚固点或梁段两端中点 |
| 5△ | 索力偏差（%） | 允许 | 符合设计和施工要求 | 测力仪：测每索 |
|  |  | 极值 | 符合设计规定，设计未规定时偏差为±10% |  |
| 6△ | 焊缝尺寸（mm） | | 设计要求 | 量规：检查全部 |
| 7△ | 高强螺栓连接 | 测定扭矩（N·m） | ±10% | 扭矩扳手：抽查每个螺群的5%，但每个U肋不少于2个螺栓 |
|  |  | 栓接面抗滑移系数 | ≥0.45 | 每2000t做一批 |

注：L-钢箱梁安装节段累计长度。测量数据应在结构温差稳定时测读。

**表 4.22.2-3　斜拉桥钢箱节段支架安装实测项目**

| 项次 | 实测项目 | | 规定值或允许偏差 | 检查方法和频率 |
|---|---|---|---|---|
| 1 | 轴线偏位（mm） | | 10 | 全站仪：每段2点 |
| 2 | 节段的纵向位置（mm） | | 10 | 全站仪：检查每段 |
| 3△ | 线形（高程）（mm） | | 符合设计和施工要求 | 水准仪：每段吊点隔板与桥轴线的交点 |
| 4△ | 焊缝尺寸（mm） | | 满足规范要求 | 量规：检查全部 |
| 5△ | 焊缝探伤首次合格率 | 超声波 | ≥90% | 按照设计要求 |
|  |  | 磁粉 | ≥90% |  |
|  |  | 射线 | ≥90% |  |
| 6△ | 高强螺栓连接 | 扭矩（N·m） | ±10% | 用检查扭矩扳手抽查每个螺群的5%，但每个U肋不少于2个螺栓 |
|  |  | 栓接面抗滑移系数 | ≥0.45 | 平均每2000t做1批（工地3组，工厂3组） |
| 7 | 梁顶水平度（mm） | | 6 | 水准仪：测量四角 |

注1：测量数据应在日出之前结构温度较稳定时测读。
注2：项次5中射线检测每条焊缝两端部（起、落弧）和交叉焊缝处都必须检测。

4.22.3　钢箱梁节段安装外观质量应按本标准第4.4.3条的有关规定执行。

## 4.23　钢箱梁节段工地防护

4.23.1　钢箱梁节段工地防护基本要求应按本标准第4.3.1条的有关规定执行。

4.23.2 钢箱梁节段工地防护实测项目应符合表 4.23.2 的规定

表 4.23.2 钢箱梁节段工地防护实测项目

| 项次 | 实测项目 | | 规定值或允许偏差 | 检查方法和频率 |
|---|---|---|---|---|
| 1△ | 钢箱梁桥面及环缝接口部位表面处理 | 清洁度 | 按照设计要求 | 100%检查 |
| 2△ | | 粗糙度(μm) | | 对比样块或粗糙度仪:全面 |
| 3△ | 钢箱梁外表面及路缘带漆干膜总厚度(μm) | | | 磁性测厚仪:每 10m² 取 1 个测量单元,每个测量单元测 5 点,每个点附近测 3 次,取平均值 |
| 4 | 栏杆、护栏、泄水管和灯座漆干膜总厚度(μm) | | | |
| 5△ | 附着力 | | | 划格或拉力试验:按设计规定频率 |

4.23.3 钢箱梁节段工地防护外观质量应按本标准第 4.3.3 条的有关规定执行。

## 4.24 钢桁梁节段制作

4.24.1 钢桁梁节段制作基本要求应按本标准第 4.1.1 条的有关规定执行。

4.24.2 钢桁梁节段制作实测项目应符合表 4.24.2 的规定。

表 4.24.2 钢桁梁节段制作实测项目

| 项次 | 检查项目 | | | 规定值或允许偏差 | 检查方法和频率 |
|---|---|---|---|---|---|
| 1 | 长度(mm) | | | ±5 | 尺量:每节段检查 4~6 处 |
| 2 | 桁高(mm) | | 栓接 | ±2 | 尺量:每节段检查 4 处 |
| | | | 焊接 | ±3 | |
| 3 | 宽度(mm) | | | ±5 | 尺量:每节段检查 4 处 |
| 4△ | 主桁中心距(mm) | | 两桁 | ±3 | 钢尺:两端 |
| | | | 三桁 | ±2.5 | 钢尺:两端边桁至中桁的中心距离 |
| | | | | ±5 | 钢尺:两端边桁至边桁的中心距离 |
| 5 | 节间长度(mm) | | | ±2 | 钢尺:检查每个节间 |
| | 对角线长度(mm) | | | ±3 | |
| 6 | 桁片平面度(mm) | | | 3 | 水准仪:检查全部 |
| 7△ | 拱度(mm) | | | ±3 | 每节段检查 1 处 |
| 8△ | 连接 | 焊缝尺寸(mm) | | 设计要求 | 量规:检查全部 |
| | | 焊缝首次探伤合格率 | 超声波 | ≥90% | 按照设计要求 |
| | | | 磁粉 | ≥90% | |
| | | | 射线 | ≥90% | |
| | | 高强螺栓扭矩(N·m) | | ±10% | 测力扳手:检查 5%且不少于 2 个 |

4.24.3 钢桁梁节段制作外观质量应按本标准第 4.1.3 条的有关规定执行。

## 4.25 钢桁梁节段防护

4.25.1 钢桁梁节段防护基本要求应按本标准第4.3.1条的有关规定执行。

4.25.2 钢桁梁节段防护实测项目应符合表4.25.2的规定。

表4.25.2 钢桁梁节段防护实测项目

| 项次 | 实测项目 | | 规定值或允许偏差 | 检查方法和频率 |
|---|---|---|---|---|
| 1△ | 外表面除锈 | 清洁度 | | 比照板目测:100% |
| | | 粗糙度 | | 对比样块或粗糙度仪:全面 |
| 2 | 外表面漆干膜总厚度($\mu m$) | | 设计要求 | 磁性测厚仪:每10m² 取1个测量单元,每个测量单元测5点,每个点附近测3次,取平均值 |
| 3 | 螺栓连接面干膜厚度($\mu m$) | | | |
| 4△ | 附着力 | | | 划格或拉力试验:按设计规定频率 |

4.25.3 钢桁梁节段防护外观质量应按本标准第4.3.3条的有关规定执行。

## 4.26 钢桁梁节段安装

4.26.1 钢桁梁节段安装基本要求应按本标准第4.4.1条的有关规定执行。

4.26.2 钢桁梁节段安装实测项目应符合表4.26.2的规定。

表4.26.2 钢桁梁节段安装实测项目

| 项次 | 检测项目 | | 规定值或允许偏差 | 检查方法和频率 |
|---|---|---|---|---|
| 1 | 钢梁中线与设计中线和高程关系(mm) | 墩、台处横梁中线与设计线路中线偏移 | 10 | 全站仪:测量横梁中心点 |
| | | 两孔(联)间相邻横梁中线相对偏差 | 5 | 全站仪:测量相邻横梁中心点 |
| | | 墩、台处横梁顶与设计高程偏差 | ±10 | 全站仪:测量横梁两端 |
| | | 两孔(联)相邻横梁相对高差 | 5 | 全站仪:测量横梁两端 |
| | | 每跨梁对角线支点的相对高差 | 5 | 全站仪 |
| 2 | 钢梁平面(mm) | 弦杆节点对梁跨端节点中心连线的偏移 | 跨度的1/5000 | 全站仪 |
| | | 弦杆节点对相邻两个奇数或偶数节点中心连线的偏移 | 5 | 全站仪 |
| 3 | 钢梁的横断面内垂直偏移(mm) | | 立柱理论长度的1/1000 | |
| 4 | 钢梁立面拱度偏差$f$(mm) | $f \leqslant 60mm$ | ±4 | 全站仪 |
| | | $f \leqslant 120mm$ | 设计拱度±8 | 全站仪 |
| | | $f > 120mm$ | 按技术文件中规定 | 全站仪 |

表 4.26.2（续）

| 项次 | 检测项目 | | 规定值或允许偏差 | 检查方法和频率 |
|---|---|---|---|---|
| 5 | 两主桁相对节点位置（mm） | 支点处相对高差 | 梁宽的 1/1000 | 全站仪 |
| | | 梁跨中心节点处相对高差 | 梁宽的 1/500 | 全站仪 |
| | | 跨中其他节点处相对高差 | 根据支点及跨中节点高差按比例增减 | 全站仪 |
| 6 | 固定支座处钢梁节点中心线与设计里程纵向偏差（mm） | 连续梁、梁跨≥60m简支梁 | ±20 | 全站仪 |
| | | 梁跨＜60m简支梁 | ±10 | 全站仪 |

4.26.3 钢桁梁节段安装外观质量应按本标准第 4.4.3 条的有关规定执行。

## 附表 A  分项工程质量检验评定表

承包单位：_____  所属单位工程：_____  分项工程编号：_____
监理单位：_____  所属分部工程：_____  分项工程名称：_____

| 基本项目 | 1.<br>2.<br>3. |
|---|---|

| | 项次 | 检查项目 | 规定值或允许偏差 | 实测值或偏差值 | | | | | | | | | | 质量评定 | | |
|---|---|---|---|---|---|---|---|---|---|---|---|---|---|---|---|---|
| | | | | 1 | 2 | 3 | 4 | 5 | 6 | 7 | 8 | 9 | 10 | 平均值、代表值 | 合格率(%) | 合格判定 |
| 实测项目 | 1 | | | | | | | | | | | | | | | |
| | 2 | | | | | | | | | | | | | | | |
| | 3 | | | | | | | | | | | | | | | |
| | 4 | | | | | | | | | | | | | | | |
| | 5 | | | | | | | | | | | | | | | |
| | 6 | | | | | | | | | | | | | | | |
| | 7 | | | | | | | | | | | | | | | |
| | 8 | | | | | | | | | | | | | | | |
| | 9 | | | | | | | | | | | | | | | |
| | 10 | | | | | | | | | | | | | | | |

| 外观质量 | | 质量保证资料 | |
|---|---|---|---|

| 工程质量等级评定 | |
|---|---|

检验负责人：　　　　检测：　　　　记录：　　　　复核：　　　　年　月　日

## 附表 B  分部工程质量检验评定表

分部工程名称：　　　　　　　　　　　　　　工程部位：
所属单位工程：
所属建设项目：
施工单位：　　　　　　　　　　　　　　　　分部工程编号：

| 序号 | 分项工程 | | | 备　注 |
|---|---|---|---|---|
| | 分项工程编号 | 分项工程名称 | 质量等级 | |
| 1 | | | | |
| 2 | | | | |
| 3 | | | | |
| 4 | | | | |
| 5 | | | | |
| 6 | | | | |
| 7 | | | | |
| 8 | | | | |
| 9 | | | | |
| 10 | | | | |
| 11 | | | | |
| 12 | | | | |
| 13 | | | | |
| 14 | | | | |
| 15 | | | | |
| 外观质量 | | | | |
| 评定资料 | | | | |
| 质量等级 | | | | |
| 评定等级 | | | | |

检验负责人：　　　　　　记录：　　　　　　复核：　　　　　　　　　　　年　月　日

## 附表 C 单位工程质量检验评定表

单位工程名称：　　　　　　　　　　工程地点、桩号：
所属建设项目：
施工单位：　　　　　　　　　　　　分部工程编号：

| 序号 | 分项工程 | | | 备 注 |
|---|---|---|---|---|
| | 分项工程编号 | 分项工程名称 | 质 量 等 级 | |
| 1 | | | | |
| 2 | | | | |
| 3 | | | | |
| 4 | | | | |
| 5 | | | | |
| 6 | | | | |
| 7 | | | | |
| 8 | | | | |
| 9 | | | | |
| 10 | | | | |
| 11 | | | | |
| 12 | | | | |
| 13 | | | | |
| 14 | | | | |
| 15 | | | | |
| 外观质量 | | | | |
| 评定资料 | | | | |
| 质量等级 | | | | |
| 评定等级 | | | | |

检验负责人：　　　　　记录：　　　　　复核：　　　　　年　月　日

## 用 词 说 明

1 本标准执行严格程度的用词,采用下列写法:
1) 表示严格,在正常情况下均应这样做的用词,正面词采用"应",反面词采用"不应"或"不得"。
2) 表示允许稍有选择,在条件许可时首先应这样做的用词,正面词采用"宜",反面词采用"不宜"。
3) 表示有选择,在一定条件下可以这样做的用词,采用"可"。
2 引用标准的用语采用下列写法:
1) 在标准条文及其他规定中,当引用的标准为国家标准或行业标准时,应表述为"应符合《××××××》(×××)的有关规定"。
2) 当引用标准中的其他规定时,应表述为"应符合本标准第×章的有关规定""应符合本标准第×.×节的有关规定""应按本标准第×.×.×条的有关规定执行"。